선화禪畵와 선시禪詩

무애의 붓끝으로 깨달음의 그림자를 그리다

선화禪畵와 선시禪詩

무애의 붓끝으로 깨달음의 그림자를 그리다

선화 —
김양수

번역·해설 —
석지현

민족사

禪畫

김양수의 말

선시(禪詩)를 통해 선사들의 마음자리를
쫓아 여행할 기회가 주어졌다.
이 여정으로 내 안의 주인과 마주할 수 있어 감사하다.

잔잔한 물처럼 고요함 속에서 붓끝에 혼을 모아
고승들의 울림을 따라나섰지만,
무명(無明) 속에서 헤매기도 하였다.
그 길 위에서 참회하며 눈물로 먹을 갈아
선사를 만날 수 있는 귀한 인연이었다.

새벽별을 보며
바람길 따라

선 하나 그으니
선은 간 곳이 없고

텅 빈 허공뿐이네.

2022년 성하에
적염산방에서 **김양수** 손모음

禪詩

바람이 내 이름 부르기 전
문 닫고 앉은 채
천년이 갔다.
-입정(入定), 석지현

다시 천년이 지나
이 세상의 먼지만큼 많은 세월이 지나
일휴(一休, 김양수) 화백이 한국식으로 선화를 그린다.
애기무당이 칼춤을 추듯
허공에 붓질을 한다.

2022년 8월 15일

상명원(上命院)에서 **석지현** 합장

선화(禪畫),
무애의 붓끝으로 깨달음의 그림자를 그리다

선화(禪畫)는 어떤 그림일까?

선(禪)을 주제로 그린 그림이다.

선은 무엇인가?

무아(無我)이다. '아(我)'가 영원성을 가진 자성이 있다고 착각하고 탐욕과 분노와 어리석음을 가진 중생심을 벗어나 자성이 없는 공성의 무아를 깨친 것을 말한다.

선은 중생심을 비운 마음이다. 그래서 선은 일념이어서 두 갈래 마음이 없다.

이를 '도(道)'라고 한다. 이런 경지에 있는 사람을 승속(僧俗) 관계없이 도인이라고 한다.

이렇게 무아가 되어 탐욕 없이 일념이 된, 그래서 선에 든 사람이 그린 그림을 선화라고 한다.

그렇기 때문에 불교 이외에서는 나오기 어려운 매우 강력한 불교 예술이다.

선의 특성은 모든 형식과 모양 그리고 이름을 벗어난다. 그리고 이념의 틀에도 구속되지 않는다.

무애(無碍)이다.

즉 걸림 없는 자유이다.

그래서 선화는 선화라는 프레임도 거부한다. 선화에 갇히면 이미 선화가 아닌 죽은 그림이다.

소재에도 있지 않다. 대상이나 기법에도 있지 않다. 그래서 선의 표상인 달마를 그렸다고 선화가 아니다.

혜능의 말처럼 모양에서 모양을 떠난 실체 없음의 허망함과 변화하는 현상 속에서 일어나는 한마음 이전을 그리는 것이다. 마음의 그림이지만 그것마저 표현일 뿐인 것이 선화이다.

혹자는 마음대로 그리거나 제멋대로 하는 것에 선화라는 이름을 붙이나 양두구육에 불과하다.

선화는 깨친 사람이 나를 비우고 욕심을 버린 선의 상태에서 관찰된 대상의 마음 그림자를 그린 그림이다. 그러나 그 그림 또한 뜬구름으로 여겨 세속에서 값을 치르는 것을 거부하는 정신적 내용을 품고 있다.

무애의 붓끝이며 자유의 춤이며 흥겨운 노래이다.

도인들이 견처(見處)가 있어 오도(悟道)의 시를 짓고 붓끝에서 자유를 그리고 생사를 벗어난 노래를 불렀던 것이 도인의 풍모였으리라~.

저 먼 산에 뻐꾸기 우니

분명코
삼복이로다

어제의 장맛비 바람 개이니

뜨락에 치자꽃 향기 가득하구나.

                                    - 석천사 진옥 쓰다.

선시(禪詩),
깨달음의 희열을 담다

선(禪)은 불립문자(不立文字)로부터 출발한다. 그러므로 언어에 뒤따르는 사고작용마저 선은 용납하지 않는다. 대신 선에서는 오직 자기 자신 속에서의 직관적인 깨달음만을 강조하고 있다.

그러나 여기 선(禪)을 표현하는 데 한계가 있다. 선을, 그 깨달음을 제삼자에게 알리자면 여하튼 어떤 식으로든 표현의 방법이 있어야 한다. 그래서 선승 임제는 제자들의 물음에 대한 대답 대신 크게 고함을 질렀고(臨濟喝), 덕산은 무조건 몽둥이를 휘둘러댔던 것이다(德山棒).

일반의 상식에서 벗어난 이런 방법을 통해서 그들은 솟구치는 깨달음의 희열을 어느 정도 전달할 수 있었다. 그러나 이 과격한 방법을 통해서는 깨달음의 그 섬세한 느낌은 도저히 전달할 수 없었다.

그래서 그들은 깨달음의 섬세한 느낌을 전달하기 위하여 시(詩)를 택하지 않을 수 없었다.

시란 언어의 설명적인 기능을 최대한 억제시킨 비언어적인 언어이기 때문이다. 선승들은 그들의 깨달음을 시를 통하여 표현하기 시작했는데 이것이 첫 번째 선시의 출현(以詩遇禪)이다.

이렇게 하여 남성적인 '선'은 여성적인 '시'와 만나 더욱 활기차게 발전해 갔다. 선이 시와 결합하여 이런 식으로 발전해 가자 이번에는 시인들 사이에서 시의 분위기를 심화시키기 위하여 선에 접근하는 풍조가 일기 시작했다. 이것이 두 번째 선시의 출현(以禪入詩)이었다.

첫 번째 선시는 대통신수(大通神秀, 606~706)를 위시한 선승들의 작품이다. 그리고 두 번째 선시는 주로 왕유(王維,

701~761)를 위시한 당송 시인들의 작품이다.

선승들과 시인들 사이에서 이런 식으로 선시를 쓰는 풍조가 일어나자 선과 시는 상호보충적이며 둘이 아니라는 직관파 시론가들의 선시론(禪詩論)까지 나오게 되었다.

"시는 선객(禪客)에게는 선을 장식하는 비단 위의 꽃이요, 선은 시인에게 있어서 언어를 절제하는 절옥도(切玉刀:옥을 자르는 칼)이다(詩爲禪客添花錦 禪是詩家切玉刀—元好問)."

"선의 핵심은 깨달음에 있다. 시의 핵심 역시 깨달음에 있다. 오직 깨달음을 통해서만 진정한 자기 자신일 수 있고 자기 자신만의 목소리를 낼 수 있다(禪道惟在妙悟 詩道亦在妙悟 惟妙悟乃爲當行 乃爲本色—嚴羽·滄浪詩話)."

직관파 시론가의 대표적 인물인 엄우의 이 묘오론(妙悟論)은 후대에 시를 지나치게 선적(禪的)으로 해석했다는 비판을 받기도 했다.

다시 말해서 선시(禪詩)란

선이면서 선이 없는 것이 시요(禪而無禪便是詩),
시이면서 시가 없는 것이 선이다(詩而無詩禪儼然).

그러므로 선시란 언어를 거부하는 '선'과 언어를 전제로 하는 '시'의 이상적인 결합이라고 할 수 있다.

1장

공空

2장

무無

3장

무상無常

무아無我

1장

공
空

발을 걷으면

• 원감충지(圓鑑冲止, 1226~1292)

발을 걷으면 성큼 산빛이 다가오고
홈대의 물소리 높낮이로 흐르네
왼종일 찾아오는 사람 드문데
두견이 홀로 제 이름을 부르네.

捲箔引山色 連筒分澗聲
終朝少人到 杜宇自呼名

감상
산속의 봄날 정경을 담담하게 그려낸 작품이다.

no.1　발을 걷으면
19.5×12.9cm _ 한지에 수묵담채화 _ 2019.

창 밖에는

• 원감충지(圓鑑冲止, 1226~1292)

창밖에는 겨울바람 울부짖고
화로 속의 나뭇등걸 붉게 타 들어가네
밥 먹은 후 넉넉하게 한숨 자나니
어리석고 어리석은 한 늙은이 되었네.

窓外朔風號怒 爐中榾柮通紅
食罷和衣打睡 憨憨一個懶翁

감상

넉넉하게 한숨 푹 잘 수 있는 그런 마음 공간이 없다면,
아아, 이 삶은 그대로 고통의 덩어리일 것이다.

no.2　창 밖에는
18×12cm _ 한지에 수묵담채화 _ 2019.

산은 푸르고

• 백운경한(白雲景閑, 1298~1374)

산은 푸르고 물은 흐르고
새는 울고 꽃은 피네
이 모두가 줄 없는 거문고 소리거니
늙은 중은 하염없이 바라보네.

山靑靑 水綠綠 鳥喃喃 花蔟蔟
盡是無絃琴上曲 碧眼胡僧看不足

감상

깨달은 이의 눈으로 보면 삼라만상 전체가 그대로 진리의 굼이침이다.
그러나 깨닫지 못한 그 눈으로 보면 이 세상 전체가 칠흑 같은 어둠뿐이다.

no.3　산은 푸르고
18×12cm _ 한지에 수묵담채화 _ 2019.

no.4 고산 아래
13×8.7cm _ 한지에 수묵담채화 _ 2019.

고산 아래

· 백운경한(白雲景閑, 1298~1374)

고산 아래 가난한 암자,
거기 사는 중 또한 별 볼일 없네
섬돌은 고르지 않아 높낮이가 다르고
띠풀을 깎지 않아 제멋대로 자라네.

孤山山下寺 居僧亦是常
土砌隨高下 茅茅任短長

감상

별 볼일 없는 이 모습 속에,
초라한 이 가난 속에, 아아,
내가 찾아헤매던 그것이 있다니…….

개울을 보며

• 태고보우(太古普愚, 1301~1382)

이쪽의 달은 흐르지 않는데
저쪽의 구름만 지나가네
천고의 짙푸름을 간직했나니
꽃잎은 어지러이 흩날리고 있네.

不流遮邊月 注過那邊雲
千古藏深碧 落花謾紛紜

감상

개울을 대상으로 하여 이렇게 심오한 시를 쓴다는 것은 드문 일이다.
시상은 뒤로 갈수록 깊어지고 시정은 뒤로 갈수록 부드러워지고 있다.
당시(唐詩)에도 이만한 시는 흔치 않다.

no.5   개울을 보며
18×12.1cm _ 한지에 수묵담채화 _ 2019.

이별

• 함허득통(涵虛得通, 1376~1433)

한 가락 젓대 소리 배회하는 곳
산 아래 개울가 그대 보내네
가고 머무는 자취, 다르다 이르지 말라
저 산 개울과 구름, 달이 내 말을 이해하리.

一聲長笛徘徊處 山下溪邊送客時
莫謂去留蹤自異 溪山雲月語須知

감상

담담하기 이를 데 없는 심정으로 제자와 이별하는 시다.
원래는 가고 오는 자취가 없지만 그러나 제자를 보내는
스승의 마음에는 한 가닥 허전함이 있다.
왜냐면 스승도 하나의 인간이기 때문이다.

no.6 이별
20.1×13.5cm _ 한지에 수묵담채화 _ 2019.

구름 피어

• 매월당 김시습(梅月堂 金時習, 1435~1493)

구름은 피어 온 산의 새벽이요
바람은 높아 나무마다 가을이네
나그네 성 아래 머무나니
물결이 고기잡이 뱃전을 두드리네.

雲起千山曉 風高萬木秋
石頭城下泊 浪打釣魚舟

감상
자연현상 그대로를 저 도(道)의 흐름으로 느끼고 있다.
넉넉하고 무르익은 관조자(觀照者)의 입장이다.

no.7　구름 피어

21.6×14cm _ 한지에 수묵담채화 _ 2019.

나그네

• 매월당 김시습(梅月堂 金時習, 1435~1493)

아이는 잠자리 잡고 노인은 울타리 고치는 곳
작은 냇가 봄물에 가마우지 목욕하네
푸른 산도 다한 곳, 돌아갈 길은 멀어
지팡이 어깨에 메고 하염없이 서 있네.

兒捕蜻蜓翁補籬 小溪春水浴鸕鶿
靑山斷處歸程遠 橫擔烏藤一箇枝

감상
지친 나그네의 심정.
희망도 절망도 다 없어진 나그네의 외로운 심정.

no.8　나그네
18.3×13.5cm _ 한지에 수묵담채화 _ 2019.

거문고 소리 들으며

• 청허휴정(淸虛休靜, 1520~1604)

눈인 듯 고운 손 어지러이 움직이니
가락은 끝났으나 정은 남았네
가을 강물 거울빛으로 열려서
푸른 산봉우리 그려내네.

白雪亂纖手 曲終情未終
秋江開鏡色 畵出數靑峯

no.9　거문고 소리 들으며

21.3×14.2cm _ 한지에 수묵담채화 _ 2019.

어젯밤 꿈에

• 한산(寒山, 766?~779?)

나는 어젯밤 꿈에 집에 갔었네
아내는 베틀에서 베를 짜고 있었네
북을 멈출 때는 무슨 생각 있는 듯
북을 올릴 때는 맥이 없어 보였네
내가 부르매 돌아보긴 했으나
멍히 앉아서 나를 알아보지 못했네
아마 서로 나누인 지 오래 됐기 때문이리
귀밑 머리털도 옛 빛이 아니었네.

昨夜夢還家　見婦機中織
駐梭如有思　擎梭似無力
呼之廻面視　怳復不相識
應是別多年　鬢毛非舊色

감상
인생이란 하룻밤의 꿈이란 말인가.
어떤 사람 말하기를, 꿈의 길이는 아무리 길다 해도
불과 몇 초를 넘지 못한다고 한다.
그렇다면 인생이란 이 길고 긴 잠의 몇 초란 말인가.
너무 허망하지 않은가.
아아, 나는 바람 앞에 우는 갈꽃이다.

no.10 어젯밤 꿈에

20.6×14.4cm _ 한지에 수묵담채화 _ 2019.

오도송

• 영운지근(靈雲志勤, ?~820?)

삼십 년 동안 마음 찾던 나그네
잎 지고 꽃 피는 것 그 얼마나 보았던가
이제 복사꽃 한 번 본 후로는
다시는 더 의심할 게 없어졌네.

三十年來尋劍客 幾回落葉又抽枝
自從一見桃花後 直至如今更不疑

감상

선사 영운은 어느 날 만발한 복사꽃을 보고 깨달음을 얻었다.
그때 깨달음을 얻던 그 순간을 그는 아주 담담하게 읊고 있다.
이 시의 특징은 시적인 영감을 완전히 배제했다는 데 있다.

no.11 오도송
17×11.1cm _ 한지에 수묵담채화 _ 2019.

옛 절

· 중묵종형(仲黙宗瑩, 元 ?~?)

험한 산 소나무 골짜기
다 쓰러져 가는 암자 하나
산허리에 걸린 길은 실낱 같은데
안개비 속에 지워질 듯 지워질 듯…….

絶壑松杉密 經壇佛殿空
沿山惟仄徑 煙雨有無中

감상

다 쓰러져 가는 옛 절의 풍광을 읊고 있다.
제3구와 제4구는 그대로 문인화 한 폭이다.

no.12 옛 절
14.7×10.2cm _ 한지에 수묵담채화 _ 2019.

오도송

• 천태덕소(天台德韶, 891~972)

통현봉 위에는
인간 세상 아니네
마음 밖에 법이 없나니
눈에 가득 푸른 산이네.

通玄峰頂 不是人間
心外無法 滿目靑山

no.13 오도송
22.3×14cm _ 한지에 수묵담채화 _ 2019.

2장

무

無

강서사 누각에서

• 함허득통(涵虛得通, 1376-1433)

산 아래 긴 강, 강 위의 누각이여
바람 달은 차가워 나그네의 시름이네
한 번 오르면 여기 무궁한 취미 있나니
이날에 놀던 기억, 먼 훗날 생각나리.

山下長江江上樓 冷含風月蕩人愁
一登自有無窮趣 他日應思此日遊

감상
정처 없이 흐르는 나그네의 수심이 누각 위에서 달빛에 젖고 있다.
세월이 가면 오늘의 이 정취도 다시는 돌아올 수 없는 과거의 회상이 되리라.

no.14 강서사 누각에서
18×12cm _ 한지에 수묵담채화 _ 2019.

우물 밑 붉은 티끌이 일고

• 습득(拾得, 766?~779?)

우물 밑 붉은 티끌이 일고
높은 산 이마에 파도가 치네
돌계집이 돌아기 낳고
거북털이 날로 자라네.

井底紅塵生 高山起波浪
石女生石兒 龜毛數寸長

감상

온종일 말을 해도 말한 바가 없고(不說說) 온종일 듣고 들어도 들었다는 생각이 없는 (不聞聞) 그런 경지를 이 시는 읊고 있다. 그런데 나에게는 왜 이렇게 들리는 것도 많은 가. 마음은 저 구만리 장천을 날아가는데 몸은 한치 밖을 못 나가는구나. 불쌍한 세월이여, 용서하라, 이 가난뱅이를. 용서하라, 세월이여.

비 온 뒤

• 진각혜심(眞覺慧諶, 1178-1234)

비 온 뒤의 봄산은 물결처럼 굽이치고
그 파란 빛 사이사이 흰구름 가네
흰구름 흩어지면 산봉우리 드러나
산 너머 산, 산이요 그 너머 또 산, 산이네.

雨後春山勢萬般 最憐葐翠白雲閑
白雲散處頭頭露 望盡遠山山外山

감상

비 온 뒤에 산을 보며 읊은 시다.
제4구는 무한한 여운을 남기고 있다.

no.16 비 온 뒤
21×14cm _ 한지에 수묵담채화 _ 2019.

우수수 가을 잎은

• 진각혜심(眞覺慧諶, 1178-1234)

우수수 가을 잎은 바람에 흩어지고
끼룩끼룩 저 기러기 구만리 하늘 울며 가네
보고 듣는 이 사이에서 문득 깨닫지 못한다면
배은망덕이다 정말 배은망덕이다.

飄飄脫葉落秋林 蕭蕭征鴻送曉音
於此見聞如不瞥 幾多辜負老婆心

감상

가을바람에 흩어지는 나뭇잎이여,
꿈꾸는 그대에겐 그저 쓸쓸한 늦가을의 풍경에 지나지 않거니……

no.17 우수수 가을 잎은

16.4×11.2cm _ 한지에 수묵담채화 _ 2019.

빈손에 호미 들고

• 부대사(傅大士, 497~569)

호미를 든 빈손이요,

무소를 탄 보행이네

사람이 다리 위를 지나는데

다리는 흘러가고 물은 흐르지 않네.

空手把鋤頭 步行騎水牛

人從橋上過 橋流水不流

다리는 흘러가고 물은 흐르지 않는다? 우리의 눈에는 분명히 물은 흘러가지만 다리는 흐르지 않는다. 그러나 깨달은 이의 눈으로 보면 그 반대이다. 다리가 흘러가고 물이 흐르지 않는다. 깨달음마저 버린 사람의 눈에는 어떻게 보이는가. 다리도 물도 흘러가지 않는다. 그러면서 동시에 다리도 흘러가고 물도 흘러간다.

no.18 빈손에 호미 들고
18×12.1cm _ 한지에 수묵담채화 _ 2019.

산노래

• 선월관휴(禪月貫休, 832~912)

오악은 안개로 긴 띠 둘렀고
신선의 굴은 눈앞에 보이네
돌창문 머리맡에 성근 빗발 지나고
물방아엔 사람 없어 바람만이 붐비네
동자승의 독경 소리 대밭 깊은 속이요
석양을 등에 업고 잔나비 이를 잡네
곰곰이 지난날 생각해 보니
바람 같은 물 같은 내 삶이었네.

五岳煙霞連不斷　三山洞穴去應通
石窓倚枕疎疎雨　水碓無人浩浩風
童子念經深竹裏　獼猴拾虱夕陽中
因思往事拋心力　六七年來楚水東

감상
동자승의 경 읽는 소리가 대숲 속에서 들려오는데,
원숭이는 석양을 등에 업고 이를 잡고 있다……
이국적인 풍경이다. 그러나 이 한가로움 속에는 우리가
잃어버린 인간의 꿈이 남아 있다.

no.19 산노래

18×12.1cm _ 한지에 수묵담채화 _ 2019.

no.20 달 속의 여인
18×12cm _ 한지에 수묵담채화 _ 2019.

달 속의 여인

· 죽암사규(竹庵士珪, 1083~1146)

달 속의 여인(항아)은 화장도 않고
구름과 안개만으로 몸을 감았네
꿈속에서 푸른 난새 쫓아가던 일 잊고
여전히 꽃가지로 얼굴 가리고 돌아오네.

月裡姮娥不畵眉 只將雲霧作羅衣
不知夢逐靑鸞去 猶把花枝蓋面歸

산은 높은 대로

• 천동정각(天童正覺, 1091~1157)

산은 높은 대로 새의 다리 낮은 대로
무애자재 서로서로 얽히는 것 하나 없네
문 앞 저 이는 먼지 누가 쓸어 다하리
은자의 마음은 안타깝기만 하네
배는 가을물 거울 속을 건너가나니
양 언덕의 갈대꽃, 흰 눈인 듯 눈부시네
만선(滿船)의 어부 마음 저자에 있어
일엽편주는 나부끼듯 물결 위를 떠가네.

森羅萬象許琤玊榮　透脫無方礙眼睛
掃彼門庭誰有力　隱人胸次自成情
船橫野渡涵秋碧　棹入蘆花照雪明
串錦老漁懷就市　飄飄一葉浪頭行

no.21 산은 높은 대로

28×18.4cm _ 한지에 수묵담채화 _ 2019.

산집 고요한 밤

• 야보도천(冶父道川, ?~?)

산집 고요한 밤 홀로 앉았네
누리 한없이 적막하여라
무슨 일로 저 바람은 잠든 숲 흔들어서
한 소리 찬 기러기는 울며 가는가.

山堂靜夜坐無言 寂寂寥寥本自然
何事西風動林野 一聲寒雁唳長天

감상
적막한 산집의 가을 밤 풍경을 읊은 시로서 너무나도 유명한 선시다.
제1구와 제2구는 번뇌망상의 바람이 불기 전의 본성의 세계를 읊고 있다.
제3구는 번뇌의 바람이 일어나는 상태요.
제4구는 생존의 고통과 고뇌가 물결치는 상태다.

no.22 산집 고요한 밤
19.8×13.4cm _ 한지에 수묵담채화 _ 2019.

반야송(般若頌)

· 천동여정(天童如淨, 1163~1228)

온몸은 입이 되어 허공에 걸렸는가
동서남북 바람을 가리지 않고
바람과 더불어 반야를 노래하네
뎅그렁 뎅, 뎅그렁 뎅.

通身是口掛虛空 不管東西南北風
一等與渠談般若 滴丁東了滴丁東

감상

바람에 울리는 처마끝의 풍경을 읊은 시다. 바람에 우는 풍경 소리를 반야(般若)의 음으로 듣는다는 것은 깊은 직관의 경지가 아니면 불가능하다. 일본 조동종의 개조인 도원(道元)은 여정의 이 반야송을 선시의 백미로 극찬하고 있다. 여정은 도원의 스승이었다.

no.23 반야송(般若頌)

18.9×13cm _ 한지에 수묵담채화 _ 2019.

가을 밤 강물 위에

• 도잠(道潛, ?~?)

비 내리는 저문 강물 날은 아직 개지 않았는데
오동잎 우수수 가을소리를 내네
망루(望樓)에 밤바람 멎었는데
달은 구름 옅은 곳에서 빛나고 있네.

雨暗蒼江晚未晴 井梧翻葉動秋聲
樓頭夜半風吹斷 月在浮雲淺處明

섬세하기 이를 데 없는 작품이다.
달빛 되어 얇게 번져가는 이 시정을 보라.

no.24 가을 밤 강물 위에
29.3×20cm _ 한지에 수묵담채화 _ 2019.

석양

· 왕유(王維, 701~761)

빈 산에 사람 없고
들리느니 말소리뿐
지는 햇살 숲 깊이 들어와
푸른 이끼 위에 비치고 있네.

空山不見人 但聞人語響
返景入深林 復照靑苔上

감상
너무나도 유명한 선시.
특히 제1구와 제2구는 선시의 압권이다.
길이 남을 명시다.

no.25 석양
22.2×15.5cm _ 한지에 수묵담채화 _ 2019.

목련

• 왕유(王維, 701~761)

나무 끝에 연꽃
산속에 붉게 피었네
개울 옆 인적 없는 집 가에
제 홀로 피었다 지네 피었다 지네.

木末芙蓉花 山中發紅萼
澗戶寂無人 紛紛開且落

감상
너무나 깨끗하여 눈물이 날 것만 같은 작품이다.
제4구를 보라. 이 이상의 말이 무슨 필요가 있으리.

no.26 목련
20.3×14cm _ 한지에 수묵담채화 _ 2019.

밤비

• 백거이(白居易, 772~846)

귀뚜라미 울다 문득 멈추고
남은 등불 깜박이며 졸고 있네
창밖엔 밤비,
파초 잎에 먼저 소리 있네.

早蛩啼復歇 殘燈滅又明
隔窓知夜雨 芭蕉先有聲

감상
품격 있는 작품이다.

no.27 밤비
21.2×14.7cm _ 한지에 수묵담채화 _ 2019.

강설(江雪)

• 유종원(柳宗元, 773~819)

천산엔 새의 자취 끊기고
만길엔 사람 흔적 멸했네
외로운 배 도롱이 쓴 노인장
한강(寒江)의 눈밭 속에 홀로 낚싯대를 늘이네.

千山鳥飛絶 萬徑人蹤滅
孤舟蓑笠翁 獨釣寒江雪

감상

당시(唐詩)로서 이미 잘 알려진 작품이다.
제1구 '천산(千山)'과 제2구 '만경(萬徑)', 제1구 '조비절(鳥飛絶)'과 제2구 '인종멸(人蹤滅)', 그리고 제3구 '고주(孤舟)'와 제4구 '독조(獨釣)'의 이 뛰어난 대칭을 보라. 제3구 '사립옹(蓑笠翁)'과 제4구 '한강설(寒江雪)'의 대칭도 좋다. 이 절묘하기 이를 데 없는 대칭 앞에서는 그만 할말이 없어진다. 길이 남을 작품이다.

no.28 강설(江雪)
19.2×13cm _ 한지에 수묵담채화 _ 2019.

건흥사에 자면서

• 여인룡(呂人龍, ?~?)

해질 무렵 옛 절 길은 더욱 깊은데
만산의 늦가을 추위가 이네
부용의 잎 위엔 많은 비가 없는데
외로운 심정은 물방울 맺혀 새벽을 맞네.

路入招提晚更深 萬山秋老薄寒生
芙蓉枝上無多雨 自把孤懷滴到明

시상의 전개가 뛰어난 작품이다. 연잎 위엔 비가 오지 않았는데 새벽이 되어 거기
물방울이 맺히는 것은 시인 자신의 외로운 심정 때문이라니……. 이 얼마나 간절한
구절인가.

no.29 건흥사에 자면서
27×18.4cm _ 한지에 수묵담채화 _ 2019.

3장

무상

無常

석불상 앞에서
(金剛山 內山 石佛像)

· 백운경한(白雲景閑, 1298~1374)

깊은 산 불법은 이 돌이어서
큰 돌은 크게 둥글, 작은 돌은 작게 둥글,
거짓 모습 새긴다고 힘만 허비했나니
푸른 벼랑을 깎고 부수어 법신을 망쳐 놨네.

深山佛法石頭是 大底大圓小底圓
假名慈眼虛費力 鑿破蒼崖喪法身

감상

저 험한 바위는, 그리고 깎아지른 저 벼랑은 그대로 불멸의 가시적인 모습(法身)이다. 그런데 왜 무엇 때문에 이 천진무구한 순수를 쪼개고 깎아서 불상을 조각하고 있는가. 인간의 무지 때문이다.

no.30 석불상 앞에서
20.2×13.8cm _ 한지에 수묵담채화 _ 2019.

지공화상께 드림

• 백운경한(白雲景閑, 1298~1374)

내 마음 가을달 같아
어느 곳이나 마음대로 비추네
이 현상의 온갖 그림자 속에
그 빛 홀로 드러나 있네.

吾心似秋月　任運照無方
萬相影現中　交光獨露成

백운경한은 지공(指空)의 법을 이은 제자다.
인도에서 온 선승 지공은 또한 나옹의 스승이기도 하다.
백운경한은 지금 자신의 경지를 시의 형식을 빌려
지공에게 내보이고 있는 것이다.

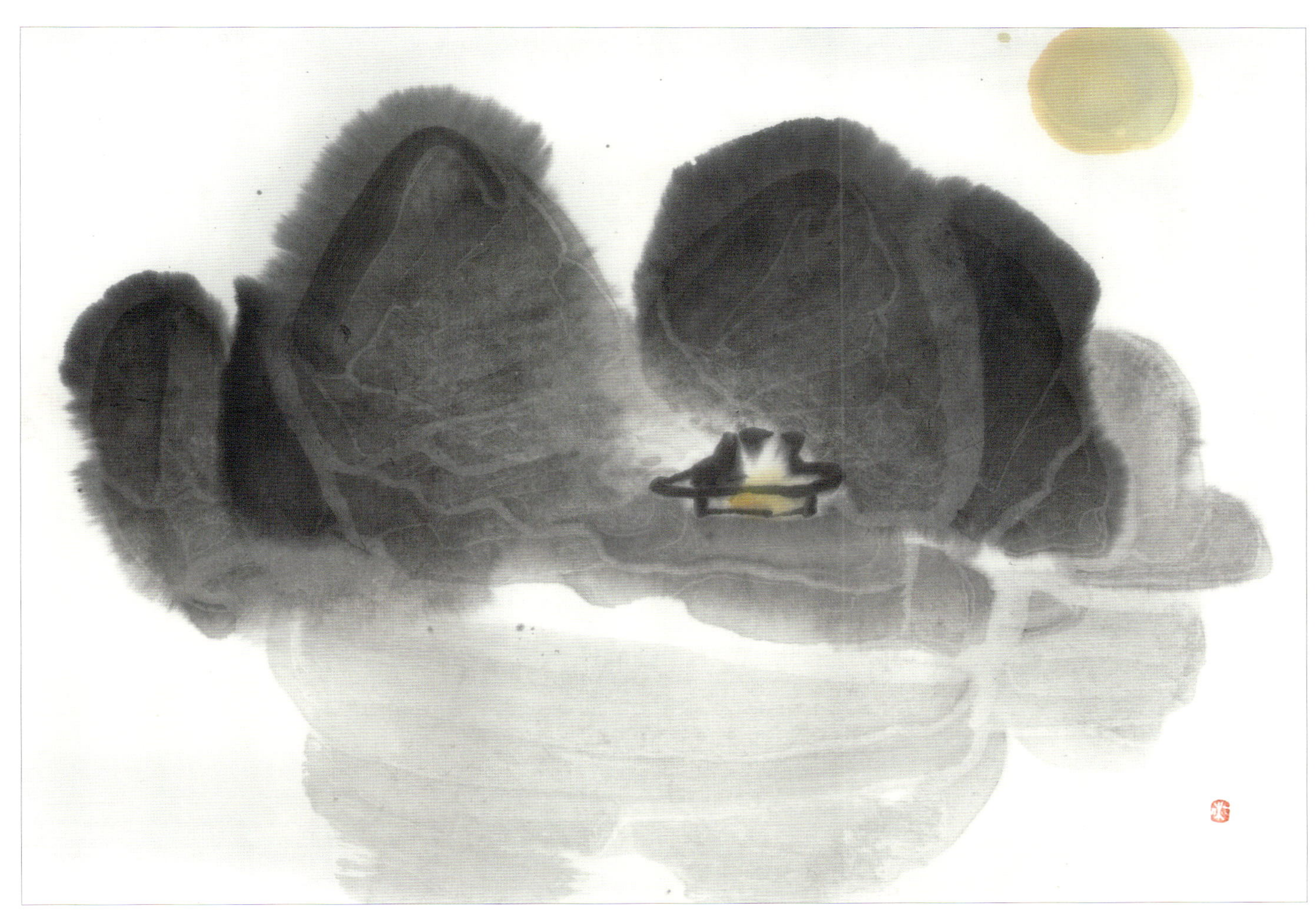

no.31 지공화상께 드림

20.1×14.2cm _ 한지에 수묵담채화 _ 2019.

골에 흐르는 물

• 백운경한(白雲景閑, 1298~1374)

골에 흐르는 물, 남빛 물들인 것 같고
문밖의 푸른 산 그림으로도 그릴 수 없네
산빛과 물소리에서 전체가 드러났거니
그 누가 이 가운데서 무생(無生)을 깨달을 것인가.

洞中流水如藍染 門外靑山畵不成
山色水聲全體露 個中誰是悟無生

감상
제3구는 이 시 전체의 핵(核)이다. 잘 음미해 보라.
이 밖에 또 무엇을 찾겠다고 방황한단 말인가. 어리석은 일일 뿐.

no.32 골에 흐르는 물
19.3×13cm _ 한지에 수묵담채화 _ 2019.

그림자

• 진각혜심(眞覺慧諶, 1178~1234)

못가에 홀로 앉았네
물밑 한 사내와 서로 만났네
둘이 보며 말없이 미소 짓는 건
그 마음과 이 마음 서로 비치는 때문.

池邊獨自坐 池底偶逢僧
默默笑相視 知君語不應

감상

못에 비치는 자기 자신의 그림자와 서로 만나 묵묵히 미소 짓고 있다.
왜 미소 짓고 있는가. 둘은 서로가 서로를 너무나 잘 알고 있기 때문이다.
'나와 그림자' ……이 얼마나 다정한 이름인가.
그러나 혜심(慧諶)이 아니고서는 아, 아, 누가 이런 경지를 읊을 수 있단 말인가.

no.33 그림자
14.7×20cm
한지에 수묵담채화 _ 2019.

봄의 어느 날

• 천태덕소(天台德韶, 891~972)

학의 울음소리 목이 메는데
복사꽃은 환하게 피어 웃고 있네
짚신에 대지팡이 벗삼아
온종일 서성이며 봄기운에 취하네.

陽鳥啼聲噎 桃花笑臉開

芒鞋靑竹杖 終日自徘徊

감상

선시의 품격마저 뛰어넘은 초선시(超禪詩)다.
무위자연에 돌아간 작자의 여유로운 심정이 잘 드러나 있다.

no.34 봄의 어느 날
28×19.1cm _ 한지에 수묵담채화 _ 2019.

no.35 옛 절
20.2×13cm _ 한지에 수묵담채화 _ 2019.

옛 절

• 교연(皎然, ?~799)

갈바람 낙엽은 빈 산에 가득한데
옛 절 등불은 돌벽 사이에 있네
지난날 예 거닐던 이들 다 가고
찬 구름만 밤마다 밤마다 날아오네.

秋風落葉滿空山 古寺殘燈石壁間
昔日經行人去盡 寒雲夜夜自飛還

감상

폐허가 된 옛 절의 풍광을 읊은 시. 쓸쓸하기 그지없다.

취승도

• 회소(懷素, ?~?)

술은 언제나 떨어지지 않으니
소나무 가지엔 왼종일 술 한 병 걸려 있네
초성(草聖)의 광기가 한 번 꿈틀대면
저 그림 속의 바로 그 취승(醉僧)이 되네.

人人送酒不曾沽 終日松間挂一壺
草聖欲成狂便發 眞堪畵入醉僧圖

감상

회소는 술을 좋아했고 특히 초서(草書)에 능했다.
술에 취하면 긴 머리칼에 먹을 적셔 아무 곳에나 마구 초서를 쓰곤 했다.
그는 스스로를 '초서의 도를 통한 성인(草聖)'이라 했다.

no.36 취승도
20.5×14cm _ 한지에 수묵담채화 _ 2019.

무위자연

• 협산선회(夾山善會, 805~881)

연잎은 둥글둥글 둥글기 거울이요
마름 열매 뾰죽뾰죽 뾰죽하기 송곳이네
버들개지 바람 타고 솜털 날리고
배꽃에 비 뿌리니 나비가 나네.

荷葉團團團似鏡 菱角尖尖尖似錐
風吹柳絮毛毬走 雨打梨花蛺蝶飛

감상

저 지는 배꽃잎 한 장에서 떠가는 구름 하나에 이르기까지 이 모든 것이 그대로
불멸의 가시적인 모습이다. 명명백초두 명명조사의(明明百草頭 明明祖師意)…….

자화상

• 영명연수(永明延壽, 904~975)

'영명의 뜻'을 알고 싶거든
문 앞의 저 호수를 보라
해가 뜨면 반짝이고
바람 불면 물결이 이네.

欲識永明旨 門前一池水
日照光明生 風來波浪起

감상

송대(宋代) 초기에 혜성처럼 나타났던 선사, 영명연수의 시다.
보라, 영명연수의 이 종횡무진한 경지를.
'해가 뜨면 빛나고 바람 불면 파도치는' 이 경지를.

no.38 자화상

20.8×13.8cm _ 한지에 수묵담채화 _ 2019.

보임

· 단하자순(丹霞子淳, 1064~1117)

달빛 굽이쳐 산봉우리마다 차갑고
진흙소는 서서히 구름 속을 나오네
그대들 서래의 뜻 묻는다면
모태에서 태어나기 그 전이라 하리.

皎月流輝千嶂冷 泥牛徐步出雲煙
玄徒若問西來意 直指胞胎未出前

감상

선(禪)이란 무엇인가. 나고 죽음(生死)의 차원에서 나고 죽음을 초월하는 것이다.
즉 모태에서 태어나기 전의 상태로 되돌아가는 것이다.

추운 달

• 단하자순(丹霞子淳, 1064~1117)

추운 달 외로이 먼 봉우리에 걸리면
넓고넓은 저 호수에 달빛 덮이네
고기잡이 노랫소리 해오라기 깨웠으나
갈꽃 차고 날아가 그 흔적 없네.

寒月依依上遠峰 平湖萬頃練光封
漁歌驚起汀沙驚 飛出蘆花不見蹤

no.40 추운 달

20.3×13.5cm _ 한지에 수묵담채화 _ 2019.

죽암송

• 죽암사규(竹庵士珪, 1083~1146)

백여 그루 대나무 심어
두세 칸의 풀집 마련했나니
개울 위로 겨우 난 길은
산의 능선을 가리지 않네
낙엽은 흐르다가 머물고
흰구름 바람 따라 오가네
평생이 다만 이와 같거니
은자(隱者)의 조촐한 살림살이네.

種竹百餘箇　結茅三兩間
才通溪上路　不碍屋頭山
黃葉水去住　白雲風往還
平生只如此　道者少機關

감상

조촐하기 이를 데 없는 은자의 삶이 눈에 잡히는 듯하다.
시의 구성력이 돋보인다.

no.41 죽암송

18.7×13.3cm _ 한지에 수묵담채화 _ 2019.

산의 달

· 석옥청공(石屋淸珙, 1272~1352)

돌아와서 발을 씻고 잠이 든 채로
달이 옮겨 가는 줄도 미처 알지 못했네
숲속의 새 우짖는 소리에 문득 눈 떠 보니
한 덩이 붉은 해가 솔가지에 걸렸네.

歸來洗足上狀睡 困重不知山月移
隔林幽鳥忽喚醒 一團紅日掛松枝

감상

조주의 〈십이시가(十二詩歌)〉를 연상시키는 작품이다.
석옥청공은 고려 말의 대선승 태고보우의 스승이다.

no.42 산의 달
18.7×13.3cm _ 한지에 수묵담채화 _ 2019.

경지

• 조천제(照闡提, ?~?)

비에 씻긴 복사꽃잎, 그 연약한 볼이여
바람에 연둣빛 안개 흔들려 버들가지 가볍네
흰구름의 그림자 속에 괴석(怪石)이 드러나고
푸른 물빛 속엔 고목이 싱그럽네.

雨洗淡紅桃蕚嫩 風搖淺碧柳絲輕
白雲影裏怪石露 淥水光中古木清

감상
득도(得道)의 심경을 자연 정경에 비겨 읊은 시.
제1구와 제2구는 생동하는 생명력을,
제3구와 제4구는 시간의 강인한 힘을 읊고 있다.

매화

• 석림도원(石林道源, ?~?)

나무마다 가지마다 잎 다 졌는데
남쪽 가지에 꽃 한 송이 홀로 피었네
그 향기 물 따라 멀리 흐르고
꽃그늘 야인가(野人家)를 길게 덮었네.

萬樹寒無色 南枝獨有花
香聞流水處 影落野人家

감상
엄동 설한에 피어난 매화꽃을 읊은 시. 제4구가 돋보인다.

no.44 매화
20.6×13.9cm _ 한지에 수묵담채화 _ 2019.

갈잎 쓸쓸히(偈頌)

• 작자 미상

갈잎 쓸쓸히 강물에 비쳐 흐르고
돛 단 조각배 외로이 가네
기운 바람 가랑비에 옷깃 젖는데
마음은 오로지 낚싯대에 있네.

蕭蕭蘆葦映江流 獨棹孤篷漾小舟
細雨斜風渾不顧 一心只在釣竿頭

감상

이 시는 일념(一念)의 경지를 노래하고 있다.
특히 제1구가 뛰어나다.
'쓸쓸한 갈잎이 흐르는 강물에 비친다'는
표현은 마치 한 폭의 그림을 보는 것 같다.

쓸쓸한 모래톱에

· 유장경(劉長卿, 710~785)

쓸쓸한 모래톱에 저녁연기 드리우니
가을강에서 달을 보네
모래톱에 한 사람 있어
달빛 속에 외로이 물을 건너네.

空洲夕烟斂 望月秋江裏
歷歷沙上人 月中孤渡水

감상
시상이 수정처럼 선명하다.

no.46 쓸쓸한 모래톱에
20.8×13.9cm _ 한지에 수묵담채화 _ 2019.

사람을 보내며

• 왕건(王建, 768~830)

물가 정자에서 술잔 거두고
말이 다하자 각각 동과 서로 갈리네
고개 돌리매 서로 보이지 않으니
가을비 속에 수레는 멀어져 가고 있네.

河亭收酒器 語盡各西東
回首不相見 行車秋雨中

감상

이별의 시로서 제1급에 속하는 작품이다. 제3구 '불상견(不相見)'과 제4구 '추우중(秋雨中)'이 딱 떨어지는 대비를 이루고 있다. 쓸쓸하기 이를 데 없는 이별의 심정은 이 두 구절(제3구, 제4구)을 통해서 남김없이 드러나고 있다.

no.47 사람을 보내며
20.2×13.6cm _ 한지에 수묵담채화 _ 2019.

4장

무아
無我

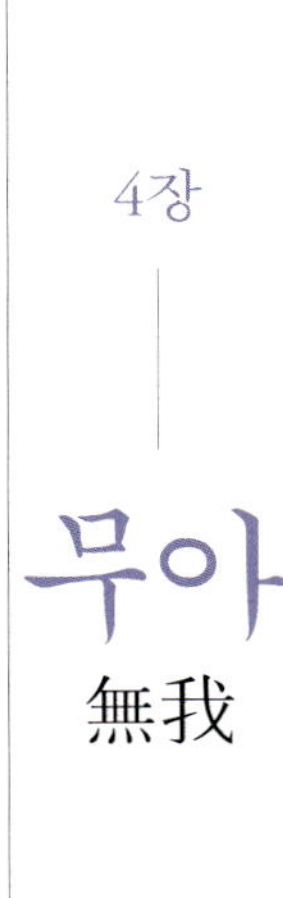

어은에게

• 태고보우(太古普愚, 1301~1382)

긴 강의 맑은 거울 속에
평생의 뜻을 맡겼나니
세상사 그 많은 일이
낚싯대 한 번 휘두름에 있네.

長江明鏡裡 也任平生志
世上無窮事 釣竿一揮置

감상

'이 모든 세상일이 낚싯대 한 번 휘두름에 있다'니.
아, 아, 그 많은 말과 몸짓이 이에서 다하는구나.
그러나 난 결코 낚시광은 될 수 없다. 난 강태공이 아니니까.

no.48 어은에게
28×18cm _ 한지에 수묵담채화 _ 2019.

강 위에서

• 함허득통(涵虛得通, 1376-1433)

누구의 젓대 소리 강을 건너오는가
달은 물결 위에 빛나고 인적 없는데
이 몸은 어찌 예까지 흘러와
외로이 뱃전에 기대어 먼 허공 보고 있는가.

聲來江上誰家笛 月照波心人絶跡
何幸此身今到此 倚船孤坐望虛碧

감상
한 득도자(得道者)의 외로운 심정을 우리는 이 시에서 느낄 수 있다.
함허가 아닌 나 자신의 심정으로서…….

no.49 강 위에서
18×11.9cm _ 한지에 수묵담채화 _ 2019.

no.50 산집
21×16.7cm _ 한지에 수묵담채화 _ 2019.

산집

• 매월당 김시습(梅月堂 金時習, 1435~1493)

달은 밝아 그림 같은 산집의 이 밤
홀로 앉은 내 마음 가을물 같네
누가 내 노래에 화답하는가
물소리가 길게 솔바람에 섞이네.

月明如畫山家夜 獨坐澄心萬盧空
誰和無生歌一曲 水聲長是雜松風

감상

고고(高孤)한 선승의 시인데도 애잔한 슬픔이 있는 것은 무엇
때문인가. 가슴 깊이 풀지 못한 한(恨)이 있기 때문이다. 그 한
이 달빛처럼 배어 나오고 있기 때문이다.

목암에게

• 벽송지엄(碧松智嚴, 1464~1534)

세월 밖의 이 한 곡조여
먼 산 석양빛 붉게 물드네
소잔등에 누워 돌아오는 길
꽃 지는 바람 얼굴 스치네.

無生歌一曲 遠岫夕陽紅
家山牛背臥 吹面落花風

감상

목암(牧庵)이라는 선승에게 보인 시로서 오도(悟道) 이후의
여유자적한 심정을 깔끔하게 읊어내고 있다.

no.51 목암에게
18×12cm _ 한지에 수묵담채화 _ 2019.

말을 채찍해 옛 성을 지나가네

• 한산(寒山, 766?~779?)

말을 채찍해 옛 성을 지나가나니
허물어진 저 모습 나그네 마음 흔드네
높고 낮은 성벽은 헐었는데
크고 작은 무덤은 누구누군고
외롭게 흔들리는 다북쑥 그림자
길게 우는 무덤 곁 바람 소리……
슬프다, 어찌 모두 이런 풍경뿐인가
오래 두고 남을 이름 하나 없네.

驅馬度荒城　荒城動客情
高低舊雉堞　大小古墳塋
自振孤蓬影　長凝拱木聲
所嘆皆俗骨　仙史更無名

감상
인생무상을 뼈저리게 느끼며 읊은 시다.
선시라기보다는 차라리 '허무의 시'라고 해야 옳을 것이다.
가을날 당신은 낙엽 한 장이 되어 보십시오.
그리하여 가장 깊은 곳에서 당신의 모습과 만나십시오.
아아, 거기에는 백골의 싸늘함만이 뒹굴 뿐입니다.
여기에서 비극은 시작됩니다.

no.52 말을 채찍해 옛 성을 지나가네
18×12cm _ 한지에 수묵담채화 _ 2019.

세월 밖의 봄

• 동산양개(洞山良介, 807~869)

고목에 꽃 피는 세월 밖의 봄날이여
옥상(玉象)을 거꾸로 타고 기린을 뒤따라가네
저 일천 봉우리 속으로 몸을 숨기나니
바야흐로 청풍 명월의 호시절이네.

枯木花開劫外春 倒騎玉象趁麒麟
而今高隱千峰外 月皎風淸好日辰

감상
시상(詩想)은 그윽하고 시어(詩語)는 당차기 이를 데 없다.

no.53 세월 밖의 봄
17.8×12cm _ 한지에 수묵담채화 _ 2019.

잠에서 일어나

• 정심수목(淨心修睦, ?~?)

가을비 멎었는데
잠에서 일어나 정신을 가다듬네
물을 보고 산을 보며 앉아 있나니
부귀도 명예도 다 잊었네
옛 조사들의 마음을 시구로 읊으면서
한가롭게 차를 달이네
내 살림살이 뉘 있어 알겠는가
외로운 구름만 이따금 섬돌가에 오네.

長空秋雨歇　睡起覺精神
看水看山坐　無名無利身
偈吟諸祖意　茶碾去年春
此外誰相識　孤雲到砌頻

감상
세상의 명리를 떠나 사는 선승의 일상이 담담하게 떠오르고 있다.
마지막 구절이 오래도록 여운을 남긴다.

no.54 잠에서 일어나

18×12.1cm _ 한지에 수묵담채화 _ 2019.

은자의 노래

• 부용도개(芙蓉道楷, 1043~1118)

사람의 발길 끊어진 이곳
산이 물들어 비로소 가을인 줄 알았네
바위 사이에서 한숨 푹 자고 나니
백년의 시름을 잊어버리네.

數里無人到 山黃始覺秋
巖間一覺睡 忘却百年憂

감상
시상(詩想)이 소박하다.

no.55 은자의 노래
19.8×13.2cm _ 한지에 수묵담채화 _ 2019.

물이 흐르고 구름 가는 이치

• 차암수정(此菴守淨, ?~?)

물이 산 아래로 흐르는 것은 별다른 뜻이 없고
조각구름이 골로 들어오는 것 또한 무심의 소치니
물이 흐르고 구름 가는 이치를 깨닫는다면
무쇠나무에 꽃 피어 온 누리가 봄이리.

流水下山非有意 片雲歸洞本無心
人生若得如雲水 鐵樹開花遍界春

자연의 섭리를 통해서 깨달음에 이르는 작자의 심정이 담담하게 펼쳐지고 있다.
순탄한 시의 흐름이 제4구에 와서 돌연히 굽이치고 있다.

no.56 물이 흐르고 구름 가는 이치
18×11.9cm _ 한지에 수묵담채화 _ 2019.

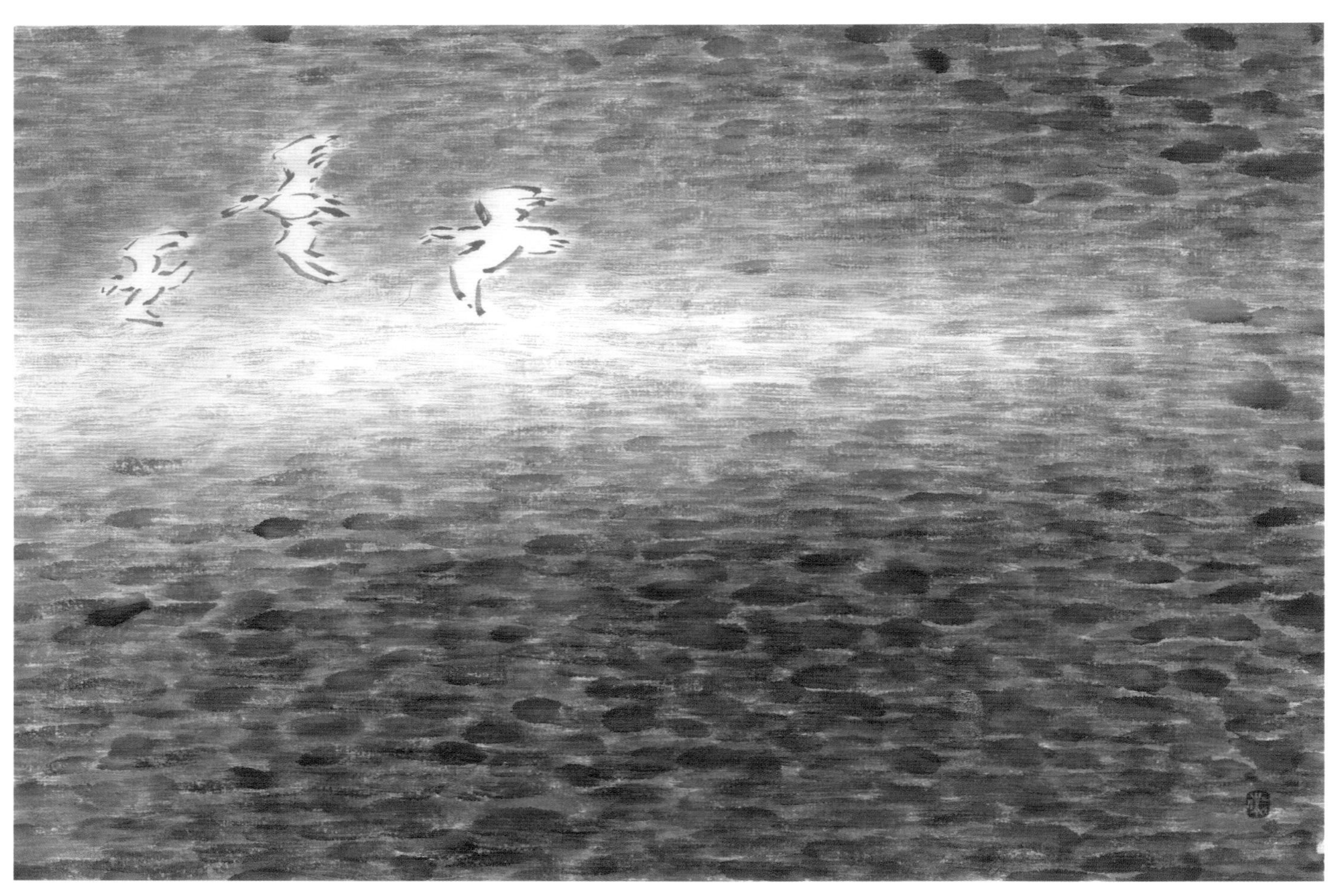

no.57 임종게
19.9×13.4cm _ 한지에 수묵담채화 _ 2019.

임종게

• 천동정각(天童正覺, 1091~1157)

꿈 같고 환영 같은
아아, 육십칠 년이여
흰 새 날아가고 물안개 걷히니
가을물이 하늘에 닿았네.

夢幻空花 六十七年
白鳥煙沒 秋水天連

감상

굉지정각선사의 임종게로서 최고의 걸작이다.
'흰 새(白鳥)'는 지적인 번뇌(迷理惑)를,
'물안개(煙)'는 감정적인 번뇌(迷事惑)를 뜻한다.

산거

• 설암조흠(雪巖祖欽, ?~1287)

진종일 창가에 앉아 있나니
바위 앞 어린 죽순이 허리만큼 오르네
문득 깊은 산새 날아 등꽃 지나니
폭포 소리는 아스라이 돌다리를 건너오네.

竟日窓間坐寂寥 岩前稚筍欲齊腰
幽禽忽起藤花落 澗瀑飛聲渡石橋

감상

'정(靜)'과 '동(動)'의 세계를 읊고 있다. 즉 제1구의 '정(靜)'이 제2구에서는 '정적인 동(動)'으로 변하고, 제3구에 가서는 '파적(破的)인 동'으로, 제4구에서는 '동적인 동'으로 시정(詩情)은 거침없이 굽이쳐 흐르고 있다.

no.58 산거
18×12.1cm _ 한지에 수묵담채화 _ 2019.

서리 내린 강산에

· 석극신(釋克新, ?~1368~?)

서리 내린 강산에 나뭇잎은 비었는데
천암(千岩)의 긴 대나무에 밤바람 이네
연화봉 위의 정처 없는 길손,
달빛 속에 홀로 생황을 불고 있네.

霜落江山木葉空 千岩修竹夜生風
蓮花峰頂巢雲客 獨自吹笙明月中

신비로운 분위기가 감도는 작품이다. 제1구와 제2구는 정경 묘사요, 제3구와 제4구는
정경을 빌려 시인 자신의 내면세계를 읊고 있다. 제4구는 특히 선경(仙境)의 극치를 읊
고 있다. 선시(仙詩)로서도 수작이요, 선시(禪詩)로서도 제1급에 속하는 작품이다.

no.59 서리 내린 강산에
20.3×13.4cm _ 한지에 수묵담채화 _ 2019.

풀집

• 삼의명우(三宜明盂, 1599~1665)

구름을 이고 있는 노송 위로 솔바람 파도 소리
개울을 이리 돌고 저리 굽어 풀집 한 채 앉아 있네
사립문 깊이 닫혀 봄이 왔으나 관심 없는 듯
산새만이 꽃가지를 오르내리며 어지러이 울고 있네.

載雲松老響晴濤 數轉谿灣見把茅
深閉竹籬春不管 亂啼山鳥踏花梢

감상
인적 없는 산중, 은자(隱者)의 집을 그린 듯이 읊어내고 있다.

절 집안은 원래

• 작자 미상

가 봤다 못 가 봤다 떠들지 말고
따라 주는 차나 한 잔 마실 일이다
손님 접대는 다만 이뿐
절 집안엔 원래 잔인정이 없노라.

曾到不曾到 且喫一杯茶
待客只如此 冷淡是僧家

no.61 절 집안은 원래
13×8.8cm _ 한지에 수묵담채화 _ 2019.

오도시

• 모녀니(某女尼, ?~?)

진종일 봄을 찾았건만 봄은 없었네
산으로 들로 짚신이 다 닳도록 헤맸네
지쳐서 돌아오는 길, 뜨락의 매화 향기에 미소짓나니
봄은 여기 매화 가지 위에 활짝 피었네.

盡日尋春不見春 芒鞋踏遍隴頭雲
歸來笑拈梅花嗅 春在枝頭已十分

no.62 오도시
20.3×13.7cm _ 한지에 수묵담채화 _ 2019.

선화禪畫와 선시禪詩

무애의 붓끝으로 깨달음의 그림자를 그리다

선화 — **일휴 김양수**

1960년 전라남도 진도의 한 작은 산골 마을에서 태어났다. 산과 들을 친구 삼으며 어린 시절을 보냈다. 유년시절 품었던 자연은 내면 깊숙이 자리 잡으며 즐겨 다루는 그림과 글의 소재가 되었다. 더불어 생(生)의 근원 찾는 일에 관심을 기울이게 된 것도 어린 시절의 경험과 무관하지 않다. 자연은 결국 자신이 지향하는 삶의 요체(要諦)이자 동체(同體)이기 때문이다.

인연 있는 이들과 작업의 결정체를 공유하는 일이 중요하기에 그동안 중국과 일본, 독일, 한국에서 37회의 개인전 등과 다수의 초대전을 열었다. 그 연장선에서 신문과 잡지 등에 글과 그림을 연재하거나 지인들의 책에 삽화를 그리기도 하였다. 그런 가운데 마음공부를 하면서 얻은 깨침을《내 속 뜰에도 상사화가 피고 진다》,《고요를 본다》,《함께 걸어요 그 꽃길》,《새벽별에게 꽃을 전하는 마음》,《마음길 끝에서 풍경을 보다》등의 시화집으로 흔적을 남겼다. 한때 모교 동국대학교 예술대학 미술학부에서 제자들과 함께 진정한 화가의 길을 고민하기도 하였으나 지금은 진도에 낙향, 여귀산 자락에 적염산방이라 이름 붙인 작업실에서 무한의 열정을 다하고 있는 중이다. 물론 차 한잔 마시며 참구하는 일도 게을리하지 않고 있다.

1996 남도기행(갤러리 2020), 1997 영국 로고스갤러리(영국 런던), 2001 들녘에서 꾸는 꿈(중국 북경 국제예원미술관), 시(詩)를 그리고 싶은 마음(중국 하남성낙양박물관), 2004 바람소리에 꿈을 꾸며(일본 안조문화센터), 2005 먹물 한 점 찍어 붓을 들면 그들이 웃을까?(학고재), 2007 그들이 말했다, 그대의 자유로움은(일본 코마츠시립미술관), 2014 그래, 바람인 듯 함께 가자(일본 동경 모차르트갤러리), 2018 물길 따라갔더니 꽃피었더라(오카자키 시립미술관), 2020 마음길 끝에서 풍경을 보다(진도 현대미술관), 2022 아 매화불이다(통도사성보박물관), 2022 꽃이 피니 봄이 오네요(남명 갤러리) 등 국내·외 37회의 개인전과 2000 한중 문화교류, 김양수·장도진 2인전(중국 강소성 진강박물관), 2000 공품방화랑 초대전(중국북경공품방화랑), 2002 우즈베키스탄 타슈켄트 국립중앙미술관 초대전, 2012 한중 수교 20주년 기념전(중국 광주, 항주), 2012 독일 쾰른국제아트페어전, 독일 에센국제아트페어전, 김양수·가또 가스야 그림 등 다수의 초대전을 가졌다.

寂拈山房: 전남 진도군 임회면 용산길 94-93
ilhyu2003@naver.com 010-6827-8763

번역·해설 — **석지현** 釋智賢

우리나라에 '선시'라는 장르를 처음으로 알렸으며 특유의 감각적 시선으로 작품을 자신만의 색채로 새롭게 읽어냈다. 1969년 중앙일보 신춘문예 시 부문 당선. 1973년 동국대학교 불교학과 졸업하였다. 이후 인도, 네팔, 티베트, 미국, 이스라엘 등지를 수년간 방랑했다. 편·저·역서로는 《선시禪詩》, 《바가바드 기따》, 《우파니샤드》, 《반야심경》, 《숫타니파타》, 《법구경》, 《불교를 찾아서》, 《선으로 가는 길》, 《벽암록》(전5권), 《왕초보 불교 박사 되다》, 《제일로 아파하는 마음에-관음경 강의》, 《행복한 마음 휴식》, 《종용록》(전5권), 《선시 감상사전》(전2권), 《임제록 역주》, 《선시 삼백수》, 《가슴을 적시는 부처님 말씀 300가지》 등 다수가 있다.

선화禪畵와 선시禪詩

– 무애의 붓끝으로 깨달음의 그림자를 그리다

초판 1쇄 인쇄 | 2022년 10월 5일　초판 1쇄 발행 | 2022년 10월 15일

그린이 | 김양수
번역·해설 | 석지현

펴낸이 | 윤재승　펴낸곳 | 민족사

주간 | 사기순　기획편집 | 사기순, 김은지　기획홍보 | 윤효진　영업관리 | 김세정

출판등록 | 1980년 5월 9일 제1-149호
주소 | 서울 종로구 삼봉로 81 두산위브파빌리온 1131호
전화 | 02)732-2403, 2404　팩스 | 02)739-7565
홈페이지 | www.minjoksa.org
페이스북 | www.facebook.com/minjoksa
이메일 | minjoksabook@naver.com

ⓒ 김양수·석지현, 2022
ISBN 979-11-6869-015-8 (03220)